ごはんがすすむ
おかず117品

たまちゃんの夫弁当

毎日食べるお弁当には
普通のおかずがいちばんおいしい

たくまたまえ

はじめに

普通のおかずがいちばんおいしいと
主人は言います。

うちの主人は、凝った料理が苦手です。
手の込んだあえものや、
ハーブやスパイスをきかせたこじゃれたおかずより、
いつもの照り焼きやハンバーグ、
シンプルな千切りキャベツやごまあえがいいんですって。
だから、お弁当用に作るのは、
毎日いたって普通のおかずです。
そして、私も思うんです。
毎日食べるお弁当には、
普通のおかずがいちばんおいしいだろうなって。
そこんところが同じだから
よかったなあと思います。

もくじ

はじめに　2

1 おかず弁当

ひき肉のおかず

れんこん入り肉だんご弁当　14

鶏肉だんごの照り焼き弁当　16

れんこんはさみ焼き弁当　18

ハンバーグ弁当　20

油揚げの肉野菜巻き弁当　22

アクセントカラーになるおかず　24

豚肉のおかず

カリカリ豚れんこん弁当　26

豚肉まきまき弁当　28

酢豚弁当　30

しょうが焼き弁当　32

豚肉とキャベツのみそ炒め弁当　34

豚肉炒め5つの味　36

鶏肉のおかず

ささみフライ弁当　38

鶏肉のピタッと焼き弁当　40

手羽中のピリ辛炒め煮弁当　42

手羽先の素揚げ弁当　44

前の晩に作っておけるおかず　46

魚のおかず

鮭の粕漬け弁当　48

たらのフライ弁当　50

かじきのピリ辛照り焼き弁当　54

ぶりの竜田揚げ弁当　56

鮭の照り焼き弁当　58

かじきの西京みそ漬け弁当　60

鮭のごま焼き弁当　62

みそ漬け4種　64

2 丼ものの弁当

漬けものチャーハン弁当 68
和風カレーそぼろ弁当 70
かつ丼弁当 72
親子丼弁当 74
いろいろ親子丼 76
あると便利なめんつゆ 77
そぼろ弁当 78
小松菜の菜っ葉飯弁当 80
鮭フレーク弁当 84
なんちゃってガッパオ弁当 86
竜田揚げカレーキャベツのせ丼弁当 88
いなり寿司弁当 90

3 忙しい日のおにぎり

基本のおにぎり 94
混ぜごはんのおにぎり 96
炊き込みごはんのおにぎり 98

4 たま弁作り10の工夫 102

コラム1　お弁当のふたをするとき 66
コラム2　野菜は無駄なく使いきります 92
コラム3　お弁当包みは手作りで 100

わーい。お弁当の時間です。 108
材料別インデックス 110

まずはごはんを炊きます。

わが家では、作りおきや冷凍はめったにしません。
だから、お弁当用のごはんもおかずも
基本的にその日の朝に作ります。
毎日起きたら、まずは2合用の小さな鍋でごはんを炊きます。
おいしくごはんを炊き上げることが、
お弁当作りで、いちばん大事なことです。

お弁当箱に詰める量だけ作ります。

基本的におかずは、お弁当箱に詰める量だけを作ります。
ちょっとだけ作るなんて面倒！という人もいるけれど、
ちょっとだけだからすぐにできます。それを毎日繰り返す。
それが私＝たまちゃんのお弁当「たま弁」の
おいしさの秘密です。

小さな道具で作ります。

ちょっとの量のおかずしか作らないので
鍋もボウルもざるも
おままごとみたいなミニミニサイズです。
1株のほうれん草をゆでて
大さじ1杯のごまをすって……。
作る量に合わせた道具を持っていることは、
手早く、楽しく料理をするコツだと思います。

基本の詰め方

お弁当は、おかずを詰める順番で仕上がりの美しさがぐんと違ってきます。
煮ものやあえものなどおかずによっては定位置があります。
試行錯誤を繰り返した、私の詰め方はこんな感じ。

まずはごはんを詰めます。

卵焼きを並べて〝土手〞を作ります。

カップに入れた煮ものを詰めます。

あえものを隅に置いて

メインのおかずを入れます。

すき間にゆで野菜などを詰めて、
梅干しを添えます。

この本の使い方

・材料の分量は、基本的に大人のお弁当1人分ですが、煮ものなど料理によっては作りやすい分量になっています。

・1カップは200cc、大さじ1は15cc、小さじ1は5ccです。

・「ひとつまみ」とは親指、人差し指、中指の3本で軽くつまんだ量のことです。

・「だし汁」は、特に注意書きがないものは、かつお節でとったかつおだしです。

・毎日のように入れる「卵焼き」の材料・作り方は、P15にまとめました。

・箸休め・彩りに入れている生野菜、ゆで野菜、ソテーや漬けものなどは、材料・作り方を省きました。

・「適量」と書かれたものは好みの分量をご用意ください。
「適宜」と書かれたものは、用意がなければ省いてもかまいません。

1

おかず弁当

肉か魚のメインのおかずと、野菜や卵の副菜を
組み合わせた基本のお弁当です。
甘辛いものとすっぱいもの。ふんわりした歯ごたえとシャキシャキ感。
そんな組み合わせもおいしさのうちです。

ひき肉のおかず

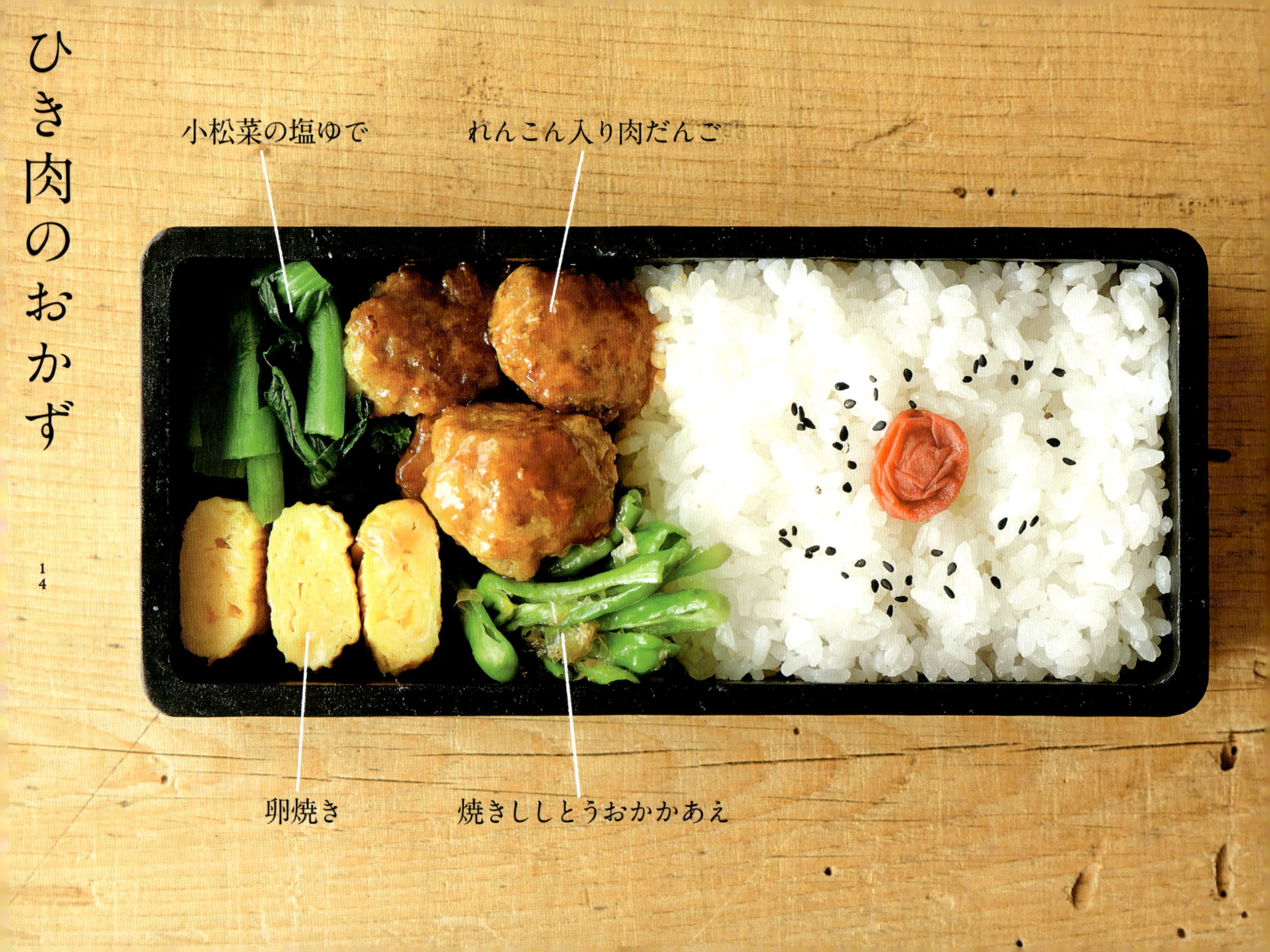
小松菜の塩ゆで
れんこん入り肉だんご
卵焼き
焼きししとうおかかあえ

れんこん入り肉だんご弁当

小さな肉だんごも、コリッとしたれんこんの食感で満足度アップ。
甘酢でからめた肉だんごを詰めるのは白いごはんの隣。
ごはんに甘酢をからめて食べるのが隠れたお楽しみです。

れんこん入り肉だんご

材料（4人分）

豚ひき肉――200g
れんこん――½節
しょうが――1かけ
長ねぎ――3cm
塩――少々
酒――小さじ2
卵――½個分
A 酢――大さじ2
　みりん――大さじ2
　しょうゆ――大さじ1½
　水――大さじ2
水溶き片栗粉（水・片栗粉――各大さじ1）
揚げ油――適量

作り方

1　れんこんは5mm角に切り、水にさらす。

2　しょうが、長ねぎはみじん切りにする。

3　ボウルに豚ひき肉、水けをきった**1**、**2**、塩、酒、卵を入れよく練る。

4　フライパンに2cmくらいまで油を入れて熱し、**3**を丸めながら投入して中までしっかり揚げる。

5　**A**を合わせておく。

6　鍋に**4**と**5**を入れ、中火にかけてからめ、少し煮つまったら水溶き片栗粉でとろみをつける。

焼きししとうおかかあえ

材料（1人分）

ししとう――3本
削り節――大さじ1
しょうゆ――少々

作り方

1　ししとうは縦半分に切り、種をとる。

2　フライパンで油を入れずに焼き、削り節としょうゆをかけて軽くあえる。

卵焼き

材料（1人分）

卵――1個
砂糖――小さじ1
塩――ひとつまみ
サラダ油――適量

作り方

1　ボウルに卵を溶きほぐし、砂糖、塩を加えて混ぜる。

2　フライパンに油を熱し、**1**を一気に流し入れる。端から巻いていき、形を整える。

千切りキャベツ
鶏肉だんごの照り焼き
切り干し大根の煮もの
ほうれん草のごまあえ
卵焼き

鶏肉だんごの照り焼き弁当

鶏肉だんごは一度ゆでてから照り焼きにするのがポイント。
ゆでることで、しっとりやわらかく仕上がります。
千切りキャベツは、食べてもおいしいし、お弁当のすき間を埋めるのにも便利。

鶏肉だんごの照り焼き

材料（8個分）

鶏ももひき肉・鶏胸ひき肉
──各100g
長ねぎ──5cm
卵──½個分
A しょうが汁──大さじ½
塩・片栗粉・酒・しょうゆ
──各小さじ½
B 砂糖・酒・みりん・しょうゆ
──各小さじ1
サラダ油──適量

作り方

1　長ねぎはみじん切りにする。

2　鶏ひき肉に**1**と**A**を加えて、よく練る。

3　鍋に湯を沸かし、**2**をひと口大に丸めて落とし、中まで火が通るように7〜8分ゆでる。

4　フライパンに油を熱し、**3**を入れてまわりに焼き色をつけ、**B**を加えて全体がなじむように煮つめる。

point
肉だんごの種を手でギュッと握って1個分を丸く絞り出す。難しければスプーンですくって。

ほうれん草のごまあえ

材料（1人分）

ほうれん草──3〜4株
白いりごま──大さじ1
砂糖──ひとつまみ
しょうゆ──小さじ½
塩──少々

作り方

1　ほうれん草は長さ5cmほどに切る。

2　塩を加えた熱湯でゆで、冷水にとり、水けをよく絞る。

3　ごまをすり、砂糖、しょうゆを加えて混ぜ、**2**をあえる。

切り干し大根の煮もの

材料（3〜4人分）

切り干し大根──30g
にんじん──⅓本
油揚げ──½枚
A だし汁──1カップ
砂糖──小さじ1弱
しょうゆ──大さじ1
みりん──大さじ1½
塩──ひとつまみ
サラダ油──適量

作り方

1　切り干し大根は水で戻す。にんじんは短冊に切り、油揚げは油抜きをして、にんじんと同じくらいの大きさに切る。

2　鍋に油を熱して、**1**を炒め、全体に油がなじんだら**A**を加えて煮汁が半分ぐらいになるまで煮る。

れんこんはさみ焼き
卵焼き
ふきのとうのつくだ煮
にんじんサラダ
ほうれん草のおひたし

れんこんはさみ焼き弁当

食感のいいれんこんと、ジューシーなひき肉の組み合わせ。
弱火でじっくり焼くのが、れんこんのもっちり感を引き出すコツです。
甘辛く味つけしたので、冷めてもおいしくいただけるはず。

れんこんはさみ焼き

材料（1〜2人分）

れんこん――5cm
鶏ひき肉――50g
片栗粉――適量
A｜砂糖・酒・みりん・しょうゆ
――各小さじ1
サラダ油――適量

作り方

1　れんこんは5mm厚さに切り、水にさらして水けをきる。

2　**1**の片面に片栗粉をまぶしておく。

3　**2**の片栗粉をまぶした側に鶏ひき肉を薄くのばし、もう1枚のれんこんを重ねてはさむ。残りも同様に作る。

4　フライパンに油を熱し、**3**を入れて弱火で焼く。

5　色よく焼けたら、合わせた**A**を加えてからめる。

point
れんこんに片栗粉をふってひき肉をはさむと、はがれずに形よく焼き上がる。

にんじんサラダ

材料（1人分）

にんじん――4cm
イタリアンパセリ――適量
塩――ひとつまみ
A｜砂糖――小さじ1/3
オリーブオイル
――小さじ1
塩・こしょう――各少々

作り方

1　にんじんは千切りにして塩をふる。イタリアンパセリは細かく刻む。

2　にんじんの水けを絞り、**A**とイタリアンパセリを加えてあえる。

ほうれん草のおひたし

材料（1人分）

ほうれん草――3〜4株
だし汁――大さじ1（削り節大さじ1、熱湯大さじ2）
しょうゆ――小さじ1/2
塩――少々

作り方

1　ほうれん草は長さ5cmほどに切り、塩を加えた熱湯でゆでる。冷水にとり、水けを絞る。

2　小さな器に削り節を入れ、熱湯を注いでしばらくおく。茶こしでこしてだし汁を作る。

3　**2**にしょうゆを加え、**1**を浸す。

4　**3**を軽く絞り、上に削り節適量（分量外）を散らす。

ゆで卵
千切りキャベツ
ズッキーニの
ソテー
ハンバーグ
プチトマト
マカロニサラダ

ハンバーグ弁当

ケチャップとソースでからめたハンバーグと、
マヨネーズであえたマカロニという、ちょっと懐かしい味の組み合わせ。
ハンバーグのつなぎには、パン粉の代わりに豆腐を入れるのもおすすめです。

ハンバーグ

材料（8個分）

合いびき肉──200g
玉ねぎ（みじん切り）──大さじ2〜3
卵──⅓個分
パン粉──10g（大さじ3）
塩・こしょう・ナツメグ──各少々
A ケチャップ・水──各大さじ3
酒・ウスターソース──各大さじ1½
みりん──小さじ3
サラダ油──適量

作り方

1　フライパンに油を熱して玉ねぎを炒める。

2　ボウルに合いびき肉と**1**、卵、パン粉、塩、こしょう、ナツメグを入れ、よくこねる。

3　**2**を丸めて火が通りやすいよう薄くのばす。

4　フライパンに油を熱し、**3**を両面焼く。

5　**4**の余分な油をキッチンペーパーでふきとり、合わせた**A**を加えてソースを煮つめながらハンバーグにからめる。

point
お弁当用のハンバーグは小さめに成形し、薄くのばして焼くと火が通りやすく調理時間の短縮に。

マカロニサラダ

材料（1人分）

マカロニ──⅓カップ
きゅうり──5cm
塩──ひとつまみ
マヨネーズ──大さじ1弱
こしょう──適量

作り方

1　きゅうりは薄切りにして塩をふっておく。

2　マカロニをゆでて水けをきる。水けを絞った**1**を加え、マヨネーズ、こしょうであえる。

ズッキーニのソテー

材料（1人分）

ズッキーニ──3cm
オリーブオイル・塩・こしょう──各適量

作り方

ズッキーニを輪切りにして、オリーブオイルで焼き、塩、こしょうをふる。

卵焼き
油揚げの肉野菜巻き
レディース大根
のぬか漬け
せりのナムル
さつまいものレモン煮
はりはり漬け

油揚げの肉野菜巻き弁当

油揚げでひき肉と野菜を巻いておだしでコトコトと煮込みます。
鍋を火にかけたら、放っておいてもでき上がるので意外に簡単。
お弁当箱を開けたとたん、「わ〜っ」と喜んでもらえること請け合い！

油揚げの肉野菜巻き

材料（3人分）

油揚げ──1枚
鶏ひき肉──30g
いんげん──2本
にんじん──15cm
A
だし汁──$2\frac{1}{4}$カップ
砂糖・みりん
──各大さじ2
しょうゆ──大さじ1
塩──ひとつまみ

作り方

1　油揚げは熱湯をかけて油を抜き、端を切って広げる。

2　油揚げの端から$\frac{1}{3}$をあけて鶏ひき肉を薄く敷く。いんげん、拍子木切りにしたにんじんをのせて巻き、たこ糸で縛っておく。

3　鍋に**A**を煮立て、**2**を加え、落としぶたをして中までじっくり火を通す。

4　たこ糸を切って、食べやすい大きさにカットする。

point
油揚げを開いて材料を入れて巻き、たこ糸で縛って煮込む。たこ糸がなければ爪楊枝で留めても。写真は上記材料の2本分。

さつまいものレモン煮

材料（3人分）

くちなしの実──1個
さつまいも──$\frac{1}{2}$本
水──1カップ
砂糖──大さじ2
レモン汁──大さじ$\frac{1}{2}$

作り方

1　さつまいもは5mmくらいの厚さに切る。

2　鍋に水（分量外）、くちなし、**1**を加えて中火で下ゆでする。

3　火が通り、粗熱がとれたら水で洗って、くちなしをとる。

4　鍋に水、砂糖、レモン汁を入れて中火にかけ、砂糖が溶けたら**3**を加えて煮る。

5　弱火で5分ほど煮て、そのまま冷ますと中まで味が入る。

せりのナムル

材料（1人分）

せり──$\frac{1}{3}$束
ごま油──3〜4滴
塩──少々
白いりごま──小さじ1

作り方

せりは軽くゆでて水けをきり、ごま油、塩、ごまであえる。

菊花の甘酢漬け

材料と作り方

1　酢$\frac{1}{2}$カップ、上白糖大さじ$1\frac{1}{2}$、塩小さじ$\frac{1}{2}$を混ぜて甘酢を作る。

2　菊花1パックは、花軸をとって花びらだけをさっとゆでる。水けを絞り、甘酢に漬ける。

砂糖さやのおひたし

材料と作り方

塩ゆでした砂糖さや6〜8本をだし汁1カップ、塩ひとつまみ、しょうゆ少々を混ぜたものに浸す。

大根とにんじんのなます

材料と作り方

1　大根9cmとにんじん3cmを千切りにする。

2　塩適量をふり、しんなりしたら水けを絞って、甘酢（酢れんこんと同じ）に漬け込む。

セロリと甘夏

材料と作り方

1　セロリ$\frac{1}{2}$本は薄切りにして塩適量をふり、水けを絞る。

2　甘夏$\frac{1}{4}$個は皮をむき、房から身をとり出す。

3　セロリと甘夏をあえ、こしょう適量をふる。

酢れんこん

材料と作り方

1　昆布だし汁1カップ、酢120cc、上白糖大さじ5、塩少々を火にかけて甘酢を作る。

2　れんこん1節は薄切りにし、酢適量（分量外）を入れた熱湯でゆでる。

3　冷めたら、水けをふき、鷹の爪$\frac{1}{3}$本の小口切りと甘酢に漬ける。

紫キャベツのマリネ

材料と作り方

1　紫キャベツ$\frac{1}{8}$個を千切りにして塩適量をふり、水けを絞る。

2　酢大さじ1、レモン汁小さじ1、オリーブオイル大さじ1、塩・こしょう各少々を混ぜ合わせ、紫キャベツをあえる。

きゅうりとたくあん

材料と作り方

きゅうり・たくあん各適量を千切りにして混ぜ、黒いりごまをふる。

焼きトマト

材料と作り方

プチトマト適量は半分に切って、オリーブオイル適量で切り口をソテーする。焼けたら塩・こしょう各適量をふる。

アクセントカラーになるおかず

赤、青、白、黄色など、きれい色の副菜は、茶色いおかずが多くなりがちなお弁当をパッと華やかにしてくれます。色よく仕上げたいときは、砂糖は上白糖を使います。

豚肉のおかず

カリカリ豚れんこん
きゅうりのぬか漬け
かぼちゃの煮もの
がんもどきの煮もの
卵焼き
いんげんのごまあえ

カリカリ豚れんこん弁当

カリッカリに炒めた豚肉が、このお弁当の主役です。
うま味がギュッと凝縮されるので、箸が止まらなくなるおいしさ。
優しい味の煮ものが、2種類入っているのが嬉しいところ。

カリカリ豚れんこん

材料（1人分）

豚バラ肉──3枚
れんこん──3cm
A 酒・みりん・しょうゆ
──各小さじ1

作り方

1　れんこんは5mm厚さくらいのいちょう切りにし、水にさらす。豚肉はひと口大に切る。

2　油をひかずに豚肉を弱火でカリカリになるまでゆっくり焼く。途中で脂をキッチンペーパーでふきとる。

3　豚肉をいったんとり出し、同じフライパンで水けをきったれんこんを炒める。

4　**3**に豚肉を戻し、**A**を加えて炒めながらからめる。

がんもどきの煮もの

材料（1〜2人分）

がんもどき──1〜2個
だし汁──$1\frac{1}{2}$カップ
A 砂糖・みりん・しょうゆ
──各大さじ$\frac{1}{2}$
塩──少々

作り方

1　がんもどきは熱湯をかけて油抜きする。

2　鍋にだし汁、**A**、**1**を入れて煮立ったら落としぶたをして弱火で20分ほど煮る。

かぼちゃの煮もの

材料（3人分）

かぼちゃ──6かけ
水──$1\frac{1}{2}$カップ
A 砂糖──大さじ$1\frac{1}{2}$
しょうゆ──大さじ$\frac{1}{2}$
塩──ひとつまみ

作り方

1　かぼちゃをひと口大よりやや小さめに切る。

2　鍋に水、**A**を入れ、煮立ったら**1**を加えて弱火でやわらかくなるまで煮る。

いんげんのごまあえ

材料（1人分）

いんげん──4〜5本
白いりごま──大さじ1
砂糖──ひとつまみ
しょうゆ──小さじ$\frac{1}{4}$
塩──少々

作り方

1　いんげんは長さ3cmほどに切り、塩を加えた熱湯で固めにゆでて、水にとる。

2　白ごまをすり、砂糖、しょうゆを加えて混ぜ、水けをきった**1**をあえる。

豚肉まきまき
みょうがの甘酢漬け
おかひじきのおかかあえ
にんじんの甘煮
里いも煮
炒り卵

豚肉まきまき弁当

アスパラガスやいんげんなどでも作れますが、
ほろ苦いゴーヤを使うと、ちょっと大人な味の"豚肉まきまき"に。
おかひじきのおかかあえは、小さなおかずですが、隠れたお弁当ヒット作です。

豚肉まきまき

材料（1人分）

豚バラ肉──3枚
ゴーヤ──10cm
A 砂糖・酒・みりん・しょうゆ──各小さじ1
サラダ油──適量

作り方

1 ゴーヤは種をとり除き、縦に2cm幅に切る。

2 **1**を$\frac{1}{3}$量ずつ豚バラ肉で巻く。

3 フライパンに油を熱し、**2**の巻き終わりを下にして並べて、弱火～中火で転がしながら全体に焼き目をつける。途中で余分な油をキッチンペーパーでふきとる。

4 **A**を加えて味をからめる。

炒り卵

P79参照

point
ゴーヤは生のまま。豚肉を巻いて、弱火～中火でじっくり焼いて中まで火を通す。

おかひじきのおかかあえ

材料（1人分）

おかひじき──$\frac{1}{4}$パック
削り節──大さじ1
しょうゆ──小さじ1
塩──少々

作り方

1 熱湯に塩を加えておかひじきをゆでる。

2 水けを絞り、削り節、しょうゆであえる。

にんじんの甘煮

P39参照

里いも煮

材料（2人分）

里いも──2～3個
A だし汁──$1\frac{1}{2}$カップ
砂糖・みりん──各大さじ1
しょうゆ──大さじ2
酒──大さじ3

作り方

1 里いもは皮をむき、ひと口大に切る。

2 鍋に**A**と**1**を入れ、煮立ったら弱火にしてやわらかく味がしみるまで煮る。

きゅうりとキャベツの塩もみ
長いもの煮もの
酢豚
卵焼き
高菜の漬けもの

酢豚弁当

お弁当に酢豚だなんて、手間がかかって面倒！と思うでしょう？
ブロックではなくしょうが焼き用の肉を、揚げずに炒めればホラ簡単。
上手な代用テクを使うこともお弁当作りの極意です。

酢豚

材料（1人分）

豚ロース肉（しょうが焼き用）
──50g（3枚）

A ｜しょうゆ・酒──各小さじ1

玉ねぎ──$\frac{1}{8}$個

パプリカ──各適量

B ｜砂糖──大さじ1
｜酢──大さじ1弱
｜ケチャップ──小さじ2
｜しょうゆ──小さじ1
｜水──大さじ1
｜片栗粉──小さじ1

ごま油──3〜4滴

サラダ油──適量

作り方

1　玉ねぎ、パプリカはひと口大に切る。豚肉はひと口大に切り**A**をもみ込む。**B**は合わせておく。

2　フライパンにサラダ油を熱し、玉ねぎ、パプリカを炒めていったんとり出し、同じフライパンで豚肉を焼く。

3　野菜を戻し入れ、**B**を加えてからめる。最後に香りづけにごま油を垂らす。

point
炒めて作る酢豚なら、揚げもの鍋を出す手間もなし！ 薄切り肉よりやや厚めのしょうが焼き用を選ぶと食べ応えあり！

長いもの煮もの

材料（2人分）

長いも──10cm

だし汁──1カップ

砂糖・みりん・しょうゆ
──各大さじ1

作り方

1　長いもは皮をむき、1cmほどの厚さに切る。

2　だし汁と調味料をすべて合わせ、**1**を加えてやわらかくなるまで弱火で煮る。

きゅうりとキャベツの塩もみ

材料（1人分）

きゅうり──5cm

キャベツ──1枚

塩──少々

作り方

1　きゅうりは輪切りに、キャベツは千切りにし、合わせて塩をふってしばらくおく。

2　水けをギュッと絞る。

卵焼き
ごぼうと
にんじんの
きんぴら
酢炒め
アスパラガスの
塩ゆで
千切り
キャベツ
セロリと
ラディッシュの
ナムル
しょうが焼き
ふきのつくだ煮

しょうが焼き弁当

誰もが大好きなしょうが焼き弁当は、副菜で個性をプラス。
酢を入れたきんぴらと、セロリの風味をきかせたナムルなど、
味のバリエーションをつけると、〝ご馳走感〟がアップします。

しょうが焼き

材料（1人分）

豚薄切り肉――80g
玉ねぎ――1/8個
A｜しょうゆ・酒――各大さじ1
　｜しょうが汁――大さじ1弱
　｜砂糖――小さじ2
サラダ油――適量

作り方

1　玉ねぎは5mm幅のくし形切りにする。豚肉は、食べやすい大きさに切る。

2　フライパンに油を熱し、玉ねぎを炒めて、いったんとり出す。

3　同じフライパンで豚肉を焼き、火が通ったら**2**を戻し入れて、合わせた**A**を加えからめる。

セロリとラディッシュのナムル

材料（1人分）

セロリ――10cm
ラディッシュ――1個
ごま油――小さじ1/4
白いりごま――適量
塩――少々

作り方

1　セロリ、ラディッシュは薄切りにして塩少々（分量外）をふっておく。

2　しんなりしたら水けを絞り、ごま油、白ごま、塩であえる。

ごぼうとにんじんのきんぴら酢炒め

材料（1人分）

ごぼう――1/3本
にんじん――3cm
だし汁――1/2カップ
A｜砂糖――大さじ1/2
　｜しょうゆ・酒――各大さじ1
酢――小さじ2
鷹の爪――1/3本
サラダ油――適量

作り方

1　ごぼうは3mmほどの太さのささがきにして水にさらす。

2　にんじんも**1**と大きさを揃えて切る。

3　フライパンに油を熱し、小口切りにした鷹の爪を入れて、水けをきった**1**、**2**を炒める。全体に油がなじんだら、だし汁と**A**を加えて炒め煮にする。

4　煮汁がわずかになったら酢を加え、さっと合わせる。

かぼちゃサラダ
豚肉とキャベツのみそ炒め
ブロッコリー、
ヤングコーン、
にんじんの固ゆで
切り昆布とちくわの煮もの

豚肉とキャベツのみそ炒め弁当

いわゆる回鍋肉ですが、特別な調味料を揃える必要はなし。
普段のみそ汁用のみそでも充分おいしく作れます。
かぼちゃサラダはりんごを加えてさわやかに！

豚肉とキャベツのみそ炒め

材料（1人分）

豚薄切り肉——80g
キャベツ——2枚
A 砂糖——小さじ1
酒——大さじ$\frac{1}{2}$
みそ——大さじ1
サラダ油——適量

作り方

1　キャベツ、豚肉は4cm大ほどに切る。**A**を合わせておく。

2　フライパンに油を熱し、豚肉を焼く。火が通ったらキャベツを加える。

3　全体に火が通ったら**A**を加えてひと炒めする。

かぼちゃサラダ

材料（3人分）

かぼちゃ——$\frac{1}{8}$個
玉ねぎ——くし形切り3cm分
りんご——$\frac{1}{8}$個
マヨネーズ——大さじ1
プレーンヨーグルト（無糖）
——小さじ2
塩・こしょう・松の実
——各少々

作り方

1　かぼちゃをひと口大に切り、皮をむく。蒸し器でやわらかく蒸す。

2　玉ねぎはスライスして水にさらす。りんごは小さく切ってレモン汁か塩水（分量外）につけて色止めする。

3　ボウルに冷ました**1**、水けをきった**2**を入れ、フォークでかぼちゃをくずしながら混ぜる。

4　マヨネーズ、ヨーグルト、塩、こしょうを加えてあえ、松の実をトッピングする。

切り昆布とちくわの煮もの

材料（2人分）

切り昆布（乾燥）——10g
ちくわ——5cm
めんつゆ（P77参照）
——大さじ$1\frac{1}{2}$
サラダ油——適量

作り方

1　ちくわは、厚さ5mmほどの小口切りにする。切り昆布は水で戻す。

2　鍋に油を熱し、**1**を炒め、めんつゆ、ひたひたの水（分量外）を入れる。

3　汁けがなくなるぐらいまで弱火で煮る。

豚肉炒め５つの味

豚肉炒めは、お弁当の定番。
ただし、いつも同じ味では
飽きられちゃいます。
みそやポン酢から、バルサミコ酢まで、
調味料をかえれば、
まったく違うおかずに！

みそ炒め

材料と作り方

1　豚薄切り肉40g、厚揚げ2切れはひと口大に、長ねぎ5cmは斜めに切る。**A**（みそ・酒各小さじ 1、砂糖ひとつまみ）を混ぜておく。

2　フライパンにサラダ油適量を熱し、豚肉と長ねぎ、厚揚げを炒める。

3　全体に火が通ったら、**A**を加え、ひと炒めして完成。

甘辛炒め

材料と作り方

1　豚薄切り肉40gはひと口大に、長ねぎ5cmは斜めに切る。しめじ$\frac{1}{8}$パックは石づきをとり、ほぐす。**A**（コチュジャン・しょうゆ各小さじ 1、みりん小さじ$\frac{1}{2}$）を混ぜる。

2　豚肉、しめじを炒め、酒適量をふり、長ねぎを加えてさらに炒める。

3　**A**を入れ、ひと炒めする。

照り焼き炒め

材料と作り方

1　豚薄切り肉40gはひと口大に、たけのこの水煮3切れは3mmくらいの厚さに切る。

2　フライパンにサラダ油適量を熱し、豚肉、たけのこを炒めて、しょうゆ・酒・みりん各小さじ1を加え、ひと炒めする。仕上げにあさつきの小口切り適量を散らす。

ポン酢ごま炒め

材料と作り方

1　豚薄切り肉40gはひと口大に、エリンギ小1本は5mm幅くらいに切る。

2　フライパンにサラダ油を熱し、豚肉、エリンギを炒め、ポン酢しょうゆ・白すりごま各小さじ2を加えて、ひと炒めする。

バルサミコ炒め

材料と作り方

1　豚薄切り肉40gはひと口大に、玉ねぎ$\frac{1}{8}$個、パプリカ$\frac{1}{8}$個は食べやすい大きさに切る。

2　フライパンにサラダ油適量を熱し、豚肉、玉ねぎ、パプリカを炒めて、バルサミコ酢・しょうゆ・みりん・酒各小さじ1を加え、ひと炒めする。

鶏肉のおかず

かぶのぬか漬け
黒米入りごはん
千切りキャベツ
サルサソース
ポテトサラダ
ささみフライ
にんじんの
甘煮

ささみフライ弁当

さっぱりとしたささみのフライは、冷めても油っぽくならずおいしく食べられます。
柚子こしょうをきかせたサルサソースをかけてちょっと大人の味に。
ごはんは、大さじ2杯の黒米を入れて炊きました。プチプチした食感が楽しめます。

ささみフライ

材料（1人分）

鶏ささみ──2本
小麦粉・溶き卵・パン粉・
揚げ油──各適量
〈サルサソース〉
プチトマト（みじん切り）──2個分
玉ねぎ（薄切り）──少々
イタリアンパセリ──少々
A 柚子こしょう・オリーブオイル──各大さじ1

作り方

1　ささみは筋をとり、ひと口大に切って、小麦粉、溶き卵、パン粉を順番につける。揚げ油を熱し、カラッと揚げる。

2　玉ねぎを水にさらして水けをきり、プチトマト、イタリアンパセリ、**A**を加えてサルサソースを作る。

にんじんの甘煮

材料（3人分）

にんじん──1本
だし汁──1½カップ
A 砂糖──大さじ1
みりん──大さじ2
しょうゆ──小さじ1
塩──ひとつまみ
黒いりごま──少々

作り方

1　にんじんは皮をむいて厚さ8mmの輪切りにする。

2　だし汁に**A**を加え**1**を入れてやわらかくなるまで煮る。仕上げに黒ごまを散らす。

ポテトサラダ

材料（3人分）

じゃがいも──2個
玉ねぎ──少々
きゅうり──5cm
ゆで卵──½個
ハム──1枚
マヨネーズ──大さじ1〜2
塩・こしょう──各適量

作り方

1　じゃがいもは皮をむいて1.5cm角に切ってゆでる。ざるに上げて冷ましておく。

2　玉ねぎはスライスして水にさらし、きゅうりは薄切りにして塩をふる。ハムも細かく刻んでおく。

3　じゃがいもは半量をフォークなどでつぶし、水けをきった玉ねぎ、きゅうり、ハム、刻んだゆで卵を加えてマヨネーズであえ、塩、こしょうで味を調える。

黒米入りごはん

材料（2人分）

米──2合
黒米──大さじ2

作り方

米をとぎ、黒米を加えて、普通の水加減をして炊く。

きゅうりと
レディース大根の
ぬか漬け
春菊ソース
里いもの
ごまあえ
ブロッコリーと
きくらげの
卵炒め
鶏肉の
ピタッと焼き

鶏肉のピタッと焼き弁当

これ、何で味つけしたの？ と必ず聞かれるけれど、実は焼いただけ。
フライパンと鶏肉がピタッとくっつくように、〝重し〟として水を入れた鍋をのせて焼きます。
余分な脂が出て、ギュッと凝縮された魔法の味わいに！

鶏肉のピタッと焼き

材料（1人分）

鶏もも肉──$\frac{1}{2}$枚
サラダ油──適量
〈春菊ソース1カップ分〉
春菊──1束
A オリーブオイル──大さじ5
レモン汁・水──各大さじ1
白すりごま──大さじ2
塩・こしょう──各適量

作り方

1　フライパンに油を熱し、皮を下にして鶏肉を広げて入れる。その上から水を入れた鍋をのせ、弱火で焼く。

2　途中で油をキッチンペーパーでふきとり、1時間ほどじっくり焼く。

3　春菊の葉だけをさっとゆでる。**A**を加えてフードプロセッサーにかけペースト状にして、春菊ソースを作る。

point
フライパンに鶏肉を入れたら、水を入れた鍋をのせ、じっくり焼く。1時間ほどかかるので、前の晩に作っておけば朝が楽ちん。

ブロッコリーときくらげの卵炒め

材料（1人分）

ブロッコリー──3房
卵──1個
きくらげ──3個
A しょうゆ・塩・こしょう──各少々
ごま油──適量

作り方

1　きくらげは水で戻し、ひと口大に切る。ブロッコリーは塩ゆでしておく。

2　フライパンにごま油を熱し、溶き卵を入れてふわっとしたらすぐにきくらげ、ブロッコリー、**A**を加えて炒める。

里いものごまあえ

材料（3人分）

里いも──6個
だし汁──$1\frac{1}{2}$カップ
A しょうゆ・みりん──各小さじ1
塩──ひとつまみ
黒いりごま──大さじ3
砂糖──小さじ$\frac{1}{2}$
しょうゆ──少々

作り方

里いもは皮をむき、ひと口大に切る。だし汁と**A**を合わせて、やわらかくなるまで煮る。冷ましてからすった黒ごま、砂糖、しょうゆであえる。

赤大根の
甘酢漬け
卵焼き
キャベツの
おかかポン酢
トマトのマリネ
手羽中の
ピリ辛炒め煮

手羽中のピリ辛炒め煮弁当

手羽中は、甘じょっぱいたれに酢を加えて炒め煮に。
つけあわせのキャベツのあえものは、市販のポン酢しょうゆを使って上手に手抜きを。
トマトのマリネはいろんなおかずに合わせられるので作り置きするのがおすすめです。

手羽中のピリ辛炒め煮

材料（1人分）

手羽中──3〜4本

A
- 酢・しょうゆ──各大さじ1/2
- 砂糖──小さじ1/2
- 水──大さじ1強
- 鷹の爪（小口切り）──1/4本分

作り方

1　フライパンを熱し、油をひかずに手羽中の皮目を下に並べて焼き、裏返して全体に焼き色をつける。

2　**A**を合わせておき、**1**に加えて、たれがなくなるまで炒め煮にする。

キャベツのおかかぽん酢

材料（1人分）

キャベツ──3枚
削り節──大さじ1
ポン酢しょうゆ──大さじ1

作り方

1　キャベツは4cm角に切る。

2　**1**を熱湯でさっとゆでて水けを絞り、削り節、ぽん酢しょうゆであえる。

トマトのマリネ

材料（3人分）

プチトマト──10個
水──60cc
酢──120cc
砂糖──60g

作り方

1　水、酢、砂糖を鍋に入れ、火にかけて砂糖を溶かし、冷ましておく。

2　プチトマトの皮に包丁で2mmぐらいの切り目を入れる。熱湯にさっと入れて冷水にとって皮をむく。水けをとり、**1**のマリネ液に2〜3時間漬ける。

point
マリネ液ごと保存容器に入れて冷蔵保存を。日持ちは3〜4日。

手羽先の素揚げ
ブロッコリーの塩ゆで
ラディッシュ
ふきの土佐煮
干ししいたけの含め煮
千切りキャベツ

手羽先の素揚げ弁当

手羽先は油から一度とり出して休ませ、温度を上げて二度揚げするのがコツ。
揚げることで、鶏肉のうま味をギュッと閉じ込められるので、
冷めても驚くほどのおいしさなんです。

手羽先の素揚げ

材料（1人分）

手羽先――3本
塩・こしょう――各少々
揚げ油――適量

作り方

1　手羽先に塩、こしょうをふり、油を熱して中火でじっくり揚げる。

2　一度とり出して休ませ、強火にして再度カラッと揚げる。

point
最後に油の温度を上げて、二度揚げすることで、冷めてもパリッとした食感が楽しめる。

干ししいたけの含め煮

材料（10個分）

干ししいたけ（小さめ）――10個
A｜酒――大さじ2
｜砂糖・しょうゆ――各大さじ1

作り方

1　干ししいたけをひと晩水につけて戻す（戻し汁はとっておく）。

2　軸をとって両手のひらではさんで水けを絞る。

3　**1**の戻し汁2カップ（足りなければ水を足す）に**A**を加え、落としぶたをし、ときどきアクをとりながら弱火で30〜40分煮る。

ふきの土佐煮

材料（4人分）

ふき――2本
削り節――10g
だし汁――$1\frac{1}{2}$カップ
A｜砂糖・しょうゆ――各大さじ$\frac{1}{2}$
｜みりん――小さじ1

作り方

1　ふきは鍋に入る長さに切って、まな板の上で塩大さじ1（分量外）で板ずりする。

2　熱湯で5分ほどゆで、冷水にとり、切り目から筋をとる。3〜4cmの長さに切る。

3　鍋にだし汁、**A**、削り節を入れて中火で10分ほど煮る。

もう一品のお助け副菜

前の晩に作っておけるおかず

作り置きをしないのが、たま弁の基本ですが、味がしみ込んだほうがおいしいおかずは前の晩から作ります。晩ごはんの一品にもなるので、大助かりです。

野菜の揚げびたし

材料と作り方

1　野菜（かぼちゃ、なす、パプリカなど）各適量を素揚げする。

2　かつおと昆布のだし汁2カップに、みりん大さじ4、しょうゆ大さじ1を加え**1**を漬け込む。

牛肉としらたきの甘煮

材料と作り方

1　牛切り落とし肉200gは2cm幅に切り、しょうが1かけは千切り、しらたき100gはアクを抜き、長さ3cmくらいに切っておく。

2　鍋にごま油大さじ1を熱し、しょうが、しらたき、牛肉の順で炒め、しょうゆ大さじ$1\frac{1}{2}$、酒大さじ3、砂糖大さじ1、みりん大さじ$\frac{1}{2}$を加えて中火で水分を飛ばしながら炒める。

ひじきのペースト

材料と作り方

1　ひじき20gは戻しておく。

2　黒いりごま大さじ2、アーモンド10個をすり鉢ですりおろす。

3　鍋にオリーブオイル適量を熱し、ひじきを入れ、みりん大さじ3、しょうゆ小さじ2を加えて炒める。

4　**3**に**2**とオリーブ3個、塩・こしょう・レモン汁各少々を加え、フードプロセッサーでペースト状にする。

炒め大根

材料と作り方

1　ボウルに砂糖大さじ1、酢大さじ1½、しょうゆ小さじ2、塩ひとつまみを合わせておく。

2　大根5cmは皮ごとひと口大の乱切りにする。

3　鍋にごま油適量、鷹の爪の小口切り1～2本分を熱し、大根を軽く炒め、**1**に油ごと入れる。２時間ほどおいて味をなじませる。

こんにゃくちりちり煮

材料と作り方

1　こんにゃく1枚を下ゆでしてアクを抜く。

2　**1**を布巾に包み、めん棒でこんにゃくがぼろぼろになるまでたたき、水けを絞る。

3　鍋にごま油大さじ1を熱し、こんにゃくの水けを飛ばすようにちりちりと音がするまでよく炒める。

4　酒大さじ2、しょうゆ大さじ1½、砂糖小さじ1と、鷹の爪½本を小口切りにして入れ、弱火で煮つめる。

きのこのマリネ　カリカリベーコンのせ

材料と作り方

1　しめじ・ひらたけ各½パック、えのき⅓パックは石づきをとり、ほぐす。しいたけ5個は軸をとって食べやすい大きさに切る。

2　玉ねぎ⅙個は薄切りにする。

3　フライパンにサラダ油適量を熱して、**1**、**2**を炒める。火が通ったら、酢・酒各大さじ1、はちみつ・砂糖各小さじ1、塩・こしょう各少々を入れてひと炒めする。

4　**3**を冷まし、5mm幅に切ったベーコン2枚分をカリカリに焼き、トッピングする。

魚のおかず

鮭の粕漬け弁当

粕漬けは、冷めたほうがより甘みが増すのでお弁当にぴったり。
チンゲンサイのシャキシャキ感、かぼちゃのほっくり感。
副菜は、いろいろな食感を組み合わせると、食べる楽しさが倍増します。

鮭の粕漬け

＊P65参照

かぼちゃのソテー

材料（1人分）

かぼちゃ——適量
サラダ油——適量
塩・こしょう——各少々

作り方

1　かぼちゃは5mmぐらいの厚さに切る。

2　フライパンに油を熱し、**1**を焼いて、塩、こしょうをふる。

point
煮ものを作る時間がない日にはソテーがおすすめ。すき間を埋めるお助けおかずになる。

チンゲンサイのごまあえ

材料（1人分）

チンゲンサイ——1株
白いりごま——大さじ1
砂糖——ひとつまみ
しょうゆ——小さじ1/4

作り方

1　チンゲンサイは食べやすい大きさに切って、熱湯で塩ゆでする。

2　冷水にとり、冷まして水けを絞る。

3　ごまをすり、砂糖、しょうゆを加えて混ぜ、**2**をあえる。

塩ゆでにんじん
菜の花の
おひたし
たらのフライ
なすの田楽
そら豆ご飯

たらのフライ弁当

きれいな色のそら豆ごはんは、お弁当のふたを開けたときのワクワク感が格別です。
身がやわらかいたらは、フライにすると外はカリッと、中はふわっと仕上がって美味。
菜の花、なすなど、野菜のおかずがぎっしり詰まった贅沢弁当です。

たらのフライ

材料（1人分）

生だらの切り身——1切れ
塩・こしょう——各適量
小麦粉・溶き卵・パン粉・
　揚げ油——各適量
ウスターソース——適宜

作り方

1　たらをひと口大に切り、塩をふって10分ほどおいて、キッチンペーパーで水けを押さえる。

2　**1**にこしょうをふり、小麦粉、溶き卵、パン粉の順番に衣をつけてカラリと揚げる。

そら豆ごはん

材料（1人分）

米——1合
そら豆——10個
水——1カップ強
昆布——5cm
酒——小さじ1
塩——少々

作り方

1　水に酒、塩を混ぜ、昆布を浸す。

2　鍋にといだ米、**1**を入れ、そら豆5個の薄皮をむいて、ごはんの上に置いて炊く。

3　そら豆の残り5個は塩ゆでをして薄皮をむく。

4　炊き上がったごはんの上に**3**をのせる。

菜の花のおひたし

材料（1人分）

菜の花——2〜3本
だし汁——大さじ2
しょうゆ——小さじ$\frac{1}{4}$

作り方

1　菜の花は塩ゆでし、冷水にとって水けをきっておく。

2　だし汁にしょうゆを加えて**1**を浸す。

→次のページに続きます。

肉みそ

材料（200ccの瓶2本分）

鶏ひき肉——250g
みそ——80g
砂糖——大さじ1
酒・みりん——各大さじ2
白いりごま——小さじ1
しょうが（みじん切り）
　——大さじ5

作り方

1　すべての材料を鍋に入れて木べらでよく混ぜながら弱火〜中火で煮る。

2　少しもったりしてきたらでき上がり。

point
みそは、いつものみそ汁用のものでOK。ゆで野菜や厚揚げなどにのせてもおいしい。冷蔵保存で日持ちは約1週間。

なすの田楽

材料（2人分）

なす——1個
黒いりごま——適量
サラダ油——適量

作り方

1　なすは厚さ2〜3cmに切って水にさらす。

2　水けをきった**1**を多めの油で焼き、キッチンペーパーの上にとって余分な油を落とす。

3　肉みそをのせて黒ごまをふる。

かじきのピリ辛照り焼き
たくあん
ブロッコリーの
塩ゆで
ひじきの煮もの
塩もみにんじんのごまあえ

かじきのピリ辛照り焼き弁当

いつもの照り焼きにコチュジャンを加えて、ちょっとピリ辛に。
調味料を少し変化させることで、味のマンネリ化を防ぐことができます。
にんじんのごまあえは、しょうゆを使わず塩だけであっさり仕上げました。

かじきのピリ辛照り焼き

材料（1人分）

かじきの切り身——1切れ
玉ねぎ——1/8個
片栗粉——大さじ1
A
砂糖——小さじ1
酒・しょうゆ・みりん——各小さじ2
コチュジャン——小さじ1/2
サラダ油——適量

作り方

1　玉ねぎは薄切りにする。かじきはひと口大に切り、片栗粉をまぶす。

2　**A**を合わせておく。

3　フライパンに油を熱し、玉ねぎを炒めたらいったんとり出し、油を少し足してかじきを焼く。

4　かじきに火が通ったら**3**の玉ねぎを戻し入れ、**2**を入れてからめる。

point
塩もみにんじんは、水けをぎゅっと絞っておけば、このまま冷蔵で2〜3日保存できる。

塩もみにんじんのごまあえ

材料（1人分）

にんじん——3cm
白いりごま——大さじ1
塩——ひとつまみ

作り方

1　にんじんは千切りにして塩をふり、水けをきる。

2　白ごまをすっておく。

3　**1**に**2**を加えてあえる。

ひじきの煮もの

材料（3〜4人分）

ひじき——30g
にんじん——1/3本
油揚げ——1枚
A
だし汁——1 1/2カップ
砂糖——大さじ2 1/2
しょうゆ——大さじ2
みりん——大さじ1 1/2
サラダ油——適量

作り方

1　ひじきは水で戻しておく。

2　にんじんは短冊に切り、油揚げは油抜きして、にんじんと同じくらいの大きさに切る。

3　鍋に油を熱し、**1**、**2**を炒め、全体に油がなじんだら**A**を加えて煮汁が半分ぐらいになるまで煮る。

ブロッコリーの塩ゆで
豆もやしの
三杯酢あえ
オムレツ
プチトマト
ぶりの竜田揚げ

ぶりの竜田揚げ弁当

たれに漬け込んでから揚げるので、香ばしい香りが食欲をそそります。
オムレツに入れるのは、冷蔵庫の残り野菜やハムなど、なんでもOK。
さっぱり味のもやしは、箸休めにぴったりです。

ぶりの竜田揚げ

材料(1人分)

ぶりの切り身──1切れ

A しょうゆ・酒・みりん──各小さじ1
　しょうが汁──小さじ$\frac{1}{2}$

塩・片栗粉・サラダ油──各適量

作り方

1　ぶりはひと口大に切って塩をふり、キッチンペーパーで水けをとる。

2　混ぜた**A**に**1**を10分ほど漬けておき、片栗粉をまぶす。

3　フライパンに油を多めに熱し、**2**を揚げ焼きにする。

point
ぶりはひと口大にカットしてからたれに漬けると、味がしみ込みやすい。

オムレツ

材料(1人分)

にんじん・ピーマン・ハムなど好みの具材──各適量

卵──1個

ケチャップ・サラダ油──各適量

作り方

1　具材をみじん切りにする。

2　卵を溶き**1**を加えてよく混ぜる。

3　フライパンに油を熱し、**2**を流し入れて、卵焼きの要領で巻く。

4　お弁当箱の深さに合わせて**3**を切り、上にケチャップをのせる。

豆もやしの三杯酢あえ

材料(1人分)

豆もやし──$\frac{1}{5}$袋

A 酢・しょうゆ・みりん──各小さじ1

作り方

1　豆もやしを熱湯で2分ほどゆでで、水けをきっておく。

2　**A**を合わせて三杯酢を作り、**1**をあえる。

鮭の照り焼き
卵焼き
ふろふき大根
小松菜とのりのナムル

鮭の照り焼き弁当

ときには白いごはんの代わりにおにぎりを。3つ並んだ姿がかわいいでしょ！
鮭は塩焼きもおいしいけれど、照り焼きだとごはんがよりすすみます。
細長いお弁当箱に、おかずを1種類ずつお行儀よく詰めてみました。

鮭の照り焼き

材料（1人分）

生鮭の切り身——1切れ
A しょうゆ・酒・みりん——各小さじ2
水——小さじ1
砂糖——ひとつまみ
サラダ油——適量

作り方

1　生鮭をひと口大に切り、塩少々（分量外）をふり、水けをよくふく。

2　フライパンに油を熱し、皮目から焼いていく。

3　全体に火が通ったら合わせた**A**を加えてからめる。

point
鮭は皮がおいしい！まずは皮目にパリッと焼き色をつけてから身を焼いていく。

ふろふき大根

材料（1人分）

大根——15cm
昆布——10cm角
肉みそ（P52参照）——適量

作り方

1　大根は厚めに皮をむき、面取り（角を薄くそぎとること）する。

2　鍋に大根、かぶるほどの水、米大さじ1（分量外）を入れて下ゆでする。

3　昆布、たっぷりの水を入れた鍋に、**2**をさっと洗って入れ、弱火で20分ほど煮る。

4　**3**の上に肉みそをのせる。

小松菜とのりのナムル

材料（1人分）

小松菜——2株
塩・ごま油——各少々
のり——5cm角

作り方

1　小松菜を長さ5cmに切り、塩ゆでして、冷水にとって水けをきる。

2　**1**を塩、ごま油、ちぎったのりであえる。

かじきの西京みそ漬け
にんじんしりしり
せりとひらたけのポン酢あえ

かじきの西京みそ漬け弁当

みそ漬けは、冷めても魚がしっとりとやわらかいので、お弁当向き。
にんじんしりしりは、フライパンに入れたらあまりさわらず、甘みを引き出すように炒めるのがコツです。
ポン酢あえは、ポン酢しょうゆが「ちょっと少ないかな?」と思うぐらいが適量。

かじきの西京みそ漬け

＊P65参照

せりとひらたけの ポン酢あえ

材料(1人分)

せり――1/3株
ひらたけ――1/4パック
ポン酢しょうゆ――大さじ1

作り方

1 せり、ひらたけはひと口大に切る。

2 **1**をさっと塩ゆでし、水けを絞ってポン酢しょうゆであえる。

にんじんしりしり

材料(1人分)

にんじん――4cm
卵――1個
ツナ缶――1/4缶(約20g)
酒・こしょう――各適量

作り方

1 にんじんは千切りにし、卵は溶いておく。

2 フライパンに油をひかず、にんじんを炒める。

3 ツナ缶を中の油少々と共に加える。

4 にんじんがやわらかくなったら酒を加えてこしょうをふり、溶き卵を入れて炒める。

鮭のごま焼き
紅しょうが
厚揚げの甘辛煮
春菊とささみのポン酢あえ

鮭のごま焼き弁当

プチプチとしたごまの歯ざわりと香ばしさがごちそうです。
春菊とささみのポン酢あえのすっぱい味。
厚揚げの甘辛い味など、おかずの味の組み合わせでおいしさが倍増します。

鮭のごま焼き

材料（1人分）

甘塩鮭の切り身——1切れ
白いりごま——大さじ2
サラダ油——適量

作り方

1　甘塩鮭にごまをまぶす。手のひらでごまを押しつけるようにする。

2　フライパンに油を熱し、**1**を香ばしく焼く。

春菊とささみのポン酢あえ

材料（1人分）

春菊——4〜5株
鶏ささみ——1/2本
ポン酢しょうゆ——大さじ1/2
塩——適量

作り方

1　春菊を塩ゆでし、水けをきって5cm長さに切る。

2　ささみは筋をとる。

3　鍋に塩少々を入れてお湯を沸かし、**2**を入れる。再び沸騰したら火を止め、ふたをしてそのまま7〜8分おき、中まで火を通す。

4　**3**を細かくほぐし、**1**と共にポン酢しょうゆであえる。

point
ささみは、煮すぎるとパサパサに。ふたをして余熱で火を通すとふっくら仕上がります。

厚揚げの甘辛煮

材料（1人分）

厚揚げ——1/3枚
だし汁——1カップ
A　砂糖・酒・しょうゆ——各大さじ1
　　みりん——小さじ1
　　コチュジャン——少々
長ねぎ——3cm
白すりごま——小さじ2

作り方

1　厚揚げは熱湯を回しかけて油を抜き、ひと口大に切る。

2　長ねぎはみじん切りにする。

3　だし汁に**A**を加えて**1**を入れ、落としぶたをして煮る。

4　煮汁が少なくなってきたら、すりごま、**2**を加えてひと煮立ちさせる。

みそ漬け4種

自家製みそ漬けには、ガーゼで包んで漬ける……など、
本格的な方法がありますが、
ここでは、保存袋にみそと魚や肉を入れてひと晩以上おくだけ。
焼く際には、みそを洗い落として、キッチンペーパーなどで水けをしっかりふきとります。
5尾1パックの安売りがあったときに、
まとめて作っておくのもおすすめ。
作ってから3日以内までなら冷蔵保存できますが、
それ以上になる場合は、早めに冷凍してください。

point
みそは洗い流し、キッチンペーパーで水けをよくとってから焼く。このひと手間がおいしさのポイント。

豚肉の辛みそ漬け

材料（豚ロース肉3枚分）

みそ――100g
酒・みりん――各大さじ1
しょうが（すりおろし）・砂糖――各小さじ2
鷹の爪（小口切り）――1本分

鶏肉のみそ漬け

材料（鶏胸肉2枚分）

みそ――100g
酒・みりん――各大さじ1
砂糖――小さじ2

かじきの西京みそ漬け

材料（かじきの切り身3切れ分）

白みそ――100g
酒――大さじ1
みりん――大さじ$\frac{1}{2}$

鮭の粕漬け

材料（甘塩鮭の切り身3切れ分）

板粕――100g
酒――大さじ2
みりん・白みそ――各大さじ1
※板粕は保存袋に入れてから、手でもみ込んでペースト状にする。

コラム1

お弁当のふたをするとき

お弁当は、作ってから食べるまで
インターバルがあるので、
いたまないような心配りが大切です。
本来は、ごはんもおかずもバットなどで
冷ましてから詰めるのが基本ですが、
私は、できたてを詰めて、
そのまましばらくおいておき、完全に冷めたら
「今日もおいしくできました」と、言いながらふたをします。
春夏は、その上で保冷剤と一緒に
お弁当包みで包みます。

2

丼ものの弁当

親子丼やカツ丼、そぼろ弁当など、丼ものって、
男の人は大好きですよね。いつものおかず弁当の合間に、
1週間に1度ぐらいは、丼もの弁当にすると、
変化がついて、とっても喜ばれます。

ピクルス
漬けものチャーハン
むきえびの卵天ぷら
にんじんのカッテージチーズあえ

漬けものチャーハン弁当

えっ？ お弁当にチャーハン？ って驚かれるんですが、これが冷めてもおいしいんです。
すぐきなど漬けものと一緒に炒めると、味に奥行きが生まれます。
卵と小麦粉の衣で揚げたむきえびの天ぷらをおかずに、中華弁当風に。

漬けものチャーハン

材料（1人分）

冷やごはん――$1\frac{1}{2}$膳分
すぐき――適量
長ねぎ――5cm
卵――1個
サラダ油・塩・こしょう
――各適量

作り方

1 すぐきは細かく刻み、長ねぎはみじん切りにする。卵は溶いておく。

2 冷やごはんをレンジで少し温めてほぐしておく。

3 フライパンに油を熱し、溶き卵を入れて、すぐき、長ねぎ、ごはんの順に入れて炒める。

4 塩、こしょうで味を調える。

にんじんのカッテージチーズあえ

材料（1人分）

にんじん――3cm
カッテージチーズ――小さじ2
塩・松の実――各少々

作り方

1 にんじんは千切りにし、塩をふって水けをきる。

2 カッテージチーズであえ、仕上げに松の実を砕いてのせる。

point
すぐきの他、高菜漬けやたくあんなどと一緒に炒めてもいい。

むきえびの卵天ぷら

材料（1人分）

むきえび――8尾
溶き卵――$\frac{1}{2}$個分
こしょう――適量
小麦粉――小さじ2
サラダ油――適量

作り方

1 溶き卵に小麦粉、むきえびを加えてざっと混ぜる。

2 フライパンに油を多めに熱し、**1**のえびを1尾ずつ入れて揚げ焼きにする。

3 こしょうで味を調える。

ピクルス

材料（2〜3人分）

トマト・パプリカ・きゅうり
――各適量
A 酢――280cc
砂糖――大さじ5
塩――小さじ2
しょうゆ――3滴
昆布――3cm角
鷹の爪――$\frac{1}{2}$本

作り方

1 **A**を鍋で熱して砂糖を溶かしたら、冷ましておく。

2 野菜をひと口大に切る。

3 保存容器に**1**、昆布、小口切りにした鷹の爪を入れ、**2**を半日ほど漬け込む。冷蔵保存で日持ちは3〜4日。

オクラのソテー
和風カレーそぼろ
かぶのソテー
プチトマト
サラダ菜
きゅうりとコーンの
マヨネーズ添え
ゆで卵

和風カレーそぼろ弁当

いつものしょうゆ味のそぼろにカレー粉を加えてみたら、
ドライカレーとは、ひと味違う和風の味わいに。
バランスを考えて、いろいろ野菜を組み合わせたサラダを必ずセットにします。

和風カレーそぼろ

材料（1人分）

ごはん──1½膳分
合いびき肉──100g
長ねぎ──15cm
しょうが──½かけ
A カレー粉・砂糖
──各小さじ1½
しょうゆ・酒・ウスターソース──各小さじ1
水──大さじ3
こしょう──少々
オクラ──1本
かぶ──⅕個
塩──少々
サラダ油──適量

point
カレーそぼろは、しょうがと長ねぎを加えて和風の味つけに。

作り方

1 長ねぎとしょうがは、みじん切りにする。

2 フライパンに油を熱し、しょうがを炒める。合いびき肉を加えてさらに炒め、**A**を加える。

3 長ねぎ、水大さじ1（分量外）を加えてさらに炒める。

4 オクラとかぶは輪切りにし、フライパンに油を熱してこんがりと焼き、塩をふる。

5 ごはんの上に**3**をまんべんなくのせ、**4**を散らす。

きゅうりとコーンのマヨネーズ添え

材料（1人分）

コーンの缶詰
──大さじ2
きゅうり──½本
マヨネーズ──適量

作り方

きゅうりは1cm角に切り、コーンと合わせ、マヨネーズを添える。

かつ丼
千切りキャベツ、レディース大根、水菜のサラダ

かつ丼弁当

かつ丼は、家で食べるときは半熟に仕上げますが、お弁当では卵にしっかり火を通して。
かつを揚げるのが面倒なら、市販のとんかつを買ってきても。
時間がない朝も、めんつゆを使えば簡単にできます。

かつ丼

材料（1人分）

ごはん──$1\frac{1}{2}$膳分
豚ヒレ肉──小2枚
塩・こしょう──各適量
小麦粉・溶き卵・パン粉
──各適量
玉ねぎ──$\frac{1}{8}$個
卵──1個
めんつゆ（P77参照）
──大さじ1
水──大さじ2
三つ葉──適量
揚げ油──適量

作り方

1　豚肉に塩、こしょうをふり、小麦粉、溶き卵、パン粉の順にころもをつけカラリと揚げる。

2　玉ねぎをスライスする。

3　鍋に水とめんつゆを入れ、**2**を加えて玉ねぎがやわらかくなるまで煮る。

4　**1**をひと口大に切り、**3**の鍋に入れ、溶いた卵を流し入れる。

5　ふたをして卵に火を通し、ごはんの上にのせて三つ葉を散らす。

point
溶き卵を加え、少し煮立てたら早めに火を止めてふたをし、余熱で仕上げると卵がふんわり。

親子丼
プチトマト
千切りキャベツ
うど、きゅうり、にんじんの甘酢漬け
ブロッコリーの塩ゆで

親子丼弁当

「えっ、お弁当に親子丼？」と、よく驚かれるんですが、ぜひ作ってみてください。
ほんのり甘い味つけは、冷めてもおいしいんですよ。
作り置きしておいた、自家製めんつゆを使えば、たちまち完成です。

親子丼

材料（1人分）

ごはん──$1\frac{1}{2}$膳分
鶏胸肉──20g
玉ねぎ──$\frac{1}{8}$個
卵──1個
焼きのり──適量
めんつゆ（P77参照）
──大さじ$1\frac{1}{2}$
水──大さじ1

作り方

1　玉ねぎはスライスし、鶏肉は小さめのひと口大に切っておく。

2　小さめのフライパンに、めんつゆと水、**1**を入れて煮る。

3　玉ねぎがくたっとし、鶏肉に火が通ったら、卵を溶いて流し入れる。

4　生の部分がないように、ふたをして火を通す。

5　ごはんの上にそっとのせ、最後にのりをのせる。

うど、きゅうり、にんじんの甘酢漬け

材料（1人分）

うど──10cm
きゅうり──$\frac{1}{2}$本
にんじん──5cm
甘酢──（P43のトマトのマリネ参照）

作り方

1　うどは皮をむいて、8mm角の拍子木切りにし、酢水（分量外）にさらす。

2　にんじんも同じサイズに切り、熱湯でかためにゆでる。きゅうりも同様に切る。

3　**1**、**2**の水けをとり、2時間ほど甘酢に漬ける。

いろいろ親子丼

鶏肉がなかったら、冷蔵庫にあるものを探し出して
「なんちゃって親子丼」を作ります。
「本家親子丼より、こっちがおいしいね」
って言われることもたびたびです。

ちくわとしいたけで

豚肉で

油揚げで

作り方はP75親子丼参照

あると便利なめんつゆ

自家製のこのめんつゆがあると、丼ものはもちろん、煮ものや照り焼きなどあらゆる料理に活用できます。

めんつゆ

材料

しょうゆ——1カップ
酒——1カップ
みりん——1カップ
昆布——10cm
削り節——15〜20g

作り方

1　すべて鍋に入れて火にかける。

2　煮立ったら弱火で半分の量まで煮つめて、漉して完成。好みに合わせて水で割って使う。

ごぼうと
ドライトマトの
サラダ
水菜のおろしポン酢あえ
炒り卵
菜の花のナムル
肉そぼろ

そぼろ弁当

そぼろは、鶏の胸肉ともも肉を半々にすると、さっぱりと、でもやわらかく仕上がります。
砂糖、酒、しょうゆ、みりんはすべて同量だから覚えておくと便利。
ドライトマトであえたごぼうの副菜がアクセントです。

炒り卵

材料（1人分）

卵——1個
みりん——小さじ1
塩——少々
サラダ油——適量

作り方

1　卵を溶き、みりん、塩を加えて混ぜる。

2　フライパンに油を熱し、**1**を一気に流し入れる。焦げないようにかき混ぜながら火を通す。

point
ドライトマトのオイル漬け、アンチョビをすり鉢でつぶし、ゆでたごぼうをあえる。

肉そぼろ

材料（2人分）

鶏ももひき肉・鶏胸ひき肉
——各50g
A｜砂糖・酒・しょうゆ・みりん
——各大さじ1

作り方

鍋に鶏ひき肉と**A**を入れて火にかけ、焦げないようにかき混ぜながら汁けがなくなるまで煮つめる。

菜の花のナムル

材料（1人分）

菜の花——1〜2本
塩・ごま油——各適量

作り方

菜の花を塩ゆでし、水けを絞ってから、細かく刻む。塩、ごま油であえる。

水菜のおろしポン酢あえ

材料（1人分）

水菜——1株
大根おろし——大さじ1
ポン酢しょうゆ——小さじ2

作り方

水菜は5cmに切り、さっとゆでて水けを絞る。大根おろし、ポン酢しょうゆであえる。

ごぼうとドライトマトのサラダ

材料（2人分）

ごぼう——1本
ドライトマトのオイル漬け
——4個
アンチョビ——½枚
オリーブオイル——小さじ1

作り方

1　ごぼうは厚めのささがきにして水にさらし、熱湯でさっとゆでる。

2　ドライトマトのオイル漬け、アンチョビ、オリーブオイルをすり鉢でペースト状になるまですったら、**1**をあえる。

うずらの卵のピクルス
揚げかまぼこ
にんじんとこんにゃくの
ごまあえ
炒り卵
さつまいもといんげんの
カッテージチーズあえ
小松菜の菜っ葉飯

小松菜の菜っ葉飯弁当

炒り卵の下から、緑鮮やかな菜っ葉飯が現れます。
コリッとした揚げかまぼこの食感がアクセント。
食べ進めるほどに、新たな味に出会える楽しいお弁当です。

小松菜の菜っ葉飯

材料（1人分）

小松菜――2株
ごはん――$1\frac{1}{2}$膳分
かまぼこ――3cm
卵――1個
塩――適量
サラダ油――適量

作り方

1　小松菜を塩ゆでし、水けを絞って細かく刻む。

2　ごはんに**1**、塩少々を混ぜておく。

3　かまぼこを1cm角に切る。フライパンに油を熱して色よく揚げ焼きにする。

4　卵を溶き、塩少々を加えて混ぜる。フライパンに油を熱し、卵を入れて焦げないようにかき混ぜながら火を通す。

5　**2**の上に、**4**を広げるようにのせ、**3**をトッピングする。

point
かまぼこは揚げるとまるで肉のような食感に。シンプルな味のごはんのトッピングにぴったり。

にんじんとこんにゃくのごまあえ

材料（2人分）

にんじん――5cm
こんにゃく――$\frac{1}{3}$枚
白いりごま――大さじ1
A　だし汁――$1\frac{1}{2}$カップ
　砂糖――小さじ$\frac{1}{3}$
　しょうゆ・みりん――各小さじ1
　塩――少々

作り方

1　こんにゃくは下ゆでしてアクを抜き、1cm角に切る。にんじんも同じサイズに切る。

2　鍋に**A**を入れ、**1**を加えて汁けがなくなるまで煮る。

3　粗熱がとれたら、半ずりにした白ごまであえる。

→次のページに続きます。

うずらの卵のピクルス

材料（2〜3人分）

うずらの卵──10個

ピクルス液──（P69のピクルス液の半量）

作り方

うずらの卵をゆで、殻をむいてピクルス液に1日漬け込む。冷蔵保存で日持ちは4〜5日。

さつまいもといんげんのカッテージチーズあえ

材料（1人分）

さつまいも──5cm

いんげん──1本

カッテージチーズ──大さじ2

作り方

1　さつまいもはいちょう切りにしてやわらかくなるまでゆでる。いんげんは2cmほどに切ってゆでる。

2　水けをきり、カッテージチーズであえる

ブロッコリーと
スナップえんどうの塩ゆで
プチトマト
鮭フレーク
焼きのり
たらことキャベツの卵焼き
焼きソーセージ

鮭フレーク弁当

焼き鮭をほぐすのではなく、酒とみりんでから炒りし、やわらかく仕上げるのがコツ。
焼きのりを四角く切って、のせてみました。
あっさりめなので、焼きソーセージでちょっとボリュームアップ。

鮭フレーク

材料（5人分）

甘塩鮭の切り身——2切れ
酒・みりん——各大さじ1
塩——小さじ1/2
白いりごま——大さじ1

作り方

1　熱湯に鮭を入れて8分ほどゆでる。

2　皮、血合い、小骨をとり除き、細かくほぐす。

3　フライパンに**2**、酒、塩を入れて弱火でそぼろ状に炒る。半分ぐらい水分が飛んだところでみりんを加え、菜箸でかき回す。

4　水分が飛んでサラサラになったらバットにとって冷ます。

5　粗熱がとれたら白ごまを混ぜる。

point
鮭フレークは冷蔵保存で日持ちは約1週間。まとめて作っておいてもよい。

たらことキャベツの卵焼き

材料（1人分）

キャベツ——1枚
たらこ——2〜3cm
卵——1個

作り方

1　キャベツは2cm角に切る。たらこは薄皮から出す。卵を溶いてたらこを入れ、混ぜる。

2　フライパンに油をひかずにキャベツを炒る。

3　キャベツがしんなりしたら、**1**を入れて、卵焼きの要領で巻く。

豆苗のナムル
ひよこ豆と
ツナのサラダ
なんちゃってガッパオ

なんちゃってガッパオ弁当

ガッパオとは、ひき肉とバジルを炒めて、白いごはんの上にかけて食べるタイ料理。
ここでは、バジルは入れませんが、オイスターソース、ピーナッツなどで、
〝なんとなくアジアっぽい〟味つけにしてみました。

なんちゃってガッパオ

材料（1人分）

ごはん――1½膳分
鶏ひき肉――50g
玉ねぎ――⅛個
ピーマン――¼個
にんじん――1cm
たけのこの水煮――少々
A しょうゆ・オイスターソース――各大さじ1
ピーナッツ――適量
うずらの卵――1個
こしょう――適量
サラダ油――適量

作り方

1 玉ねぎ、ピーマン、にんじん、たけのこの水煮は粗みじんに切る。

2 フライパンに油を熱し、鶏ひき肉を炒めて、**1**を加えてさらに炒める。

3 **A**を加えて水けがなくなるまで炒めて、こしょうで味を調える。

4 ごはんの上に**3**をのせ、砕いたピーナッツを散らす。

5 両面をしっかり焼いたうずらの卵の目玉焼きをのせる。

point
冷蔵庫に残り野菜があったら何でもOK。歯ごたえのあるたけのこ、れんこんなどは特におすすめ。

ひよこ豆とツナのサラダ

材料（1人分）

ひよこ豆の缶詰――大さじ3
ツナ缶――¼缶（約20g）
玉ねぎ――少々
マヨネーズ――大さじ1
こしょう――適量

作り方

1 玉ねぎはみじん切りにし、水にさらして水けをきる。

2 **1**とひよこ豆、ツナをマヨネーズであえ、こしょうで味を調える。

豆苗のナムル

材料（1人分）

豆苗――⅕パック
ごま油・塩――各適量

作り方

豆苗を熱湯でさっとゆでて水けをきり、ごま油と塩であえる。

サラダ
キャベツのカレー炒め
炒り卵
鶏肉の竜田揚げ

竜田揚げカレーキャベツのせ丼弁当

どこかの駅弁で食べたカレー味のキャベツがおいしくて、考えた組み合わせです。
ごはんの上に、カレーキャベツ、炒り卵をのせ、最後に鶏の竜田揚げを並べます。
くずして、ごはんと混ぜながら食べると、いろんな味が楽しめるんですよ。

竜田揚げ

材料（1人分）

鶏胸肉――1/3枚

A | 酒・しょうゆ・しょうが汁――各小さじ1

片栗粉――小さじ1

揚げ油――適量

作り方

1　鶏肉はひと口大に切り、**A**に漬けてもみ込む。

2　**1**に片栗粉をまぶし、中温（約170度）の油でカラリと揚げる。

point
ごはんの上にカレー味のキャベツをのせて。実はコレがこのお弁当の主役。

キャベツのカレー炒め

材料（1人分）

キャベツ――3枚

カレー粉――小さじ1/2

作り方

1　キャベツを千切りにし、フライパンに油をひかずに炒る。

2　カレー粉を加え、焦げないように炒る。

サラダ

材料（1人分）

サラダ菜――1枚

きゅうり――5cm

ラディッシュ――1個

ブロッコリー・カリフラワー――各2房

塩――適量

マヨネーズ――適宜

作り方

きゅうりは厚さ1cmの輪切りに、ラディッシュは半分に切る。ブロッコリー、カリフラワーは塩ゆでする。サラダ菜とマヨネーズを添える。

炒り卵

＊P79参照

れんこんの
煮もの
小松菜と
さつまいもの
ごまあえ
いなり寿司
きゅうり、
大根、
にんじんの
ぬか漬け

いなり寿司弁当

鮭を混ぜ込んだだけのいなり寿司は、意外に簡単！
焼いた鮭を甘酢に漬けてひと晩おくと、身がしまって、すし飯の味が違うんです。
ごまあえはちょっと甘いさつまいもを加えて、やさしい味に。

いなり寿司

材料（10個分）

油揚げ──5枚

A
- だし汁──1カップ
- 砂糖・しょうゆ──各大さじ$1\frac{1}{2}$
- 塩──ひとつまみ

〈すし飯〉

ごはん──4膳分

B
- 米酢──$\frac{1}{4}$カップ
- 砂糖──大さじ$1\frac{1}{2}$
- 塩──小さじ1

甘塩鮭の切り身──2切れ

C
- 酢──1カップ
- 砂糖──大さじ2
- 塩──少々

白いりごま──大さじ3

作り方

1　鮭を焼いて、熱いうちに**C**に漬け込みひと晩おく。骨、皮をとってほぐす。

2　油揚げは熱湯にさっとくぐらせ油抜きする。粗熱がとれたら、半分に切り、袋状に開いて、両手にはさんで水けを絞る。

3　鍋に平らになるように**2**を並べ、**A**を入れ、落としぶたをして弱火で煮る。ときどき、煮汁を全体に回しかけ、落としぶたで押しつけながら、油揚げに煮汁を吸わせる。汁けがほんの少し残る程度まで煮たら火を止め、そのまま冷ます。両手ではさんで汁けをきる。

4　炊きたてのごはんに**B**を回しかけ、切るように混ぜて粗熱をとる。

5　すし飯に**1**と白ごまを混ぜる。油揚げに詰め、形を整える。

れんこんの煮もの

材料（2〜3人分）

れんこん──1節

A
- だし汁──1カップ
- 砂糖・しょうゆ・みりん──各大さじ2

作り方

1　れんこんは皮をむき、厚さ1cmの輪切りにし、水にさらす。

2　鍋に**A**とれんこんを入れてやわらかくなるまで煮る。

point
焼いた鮭を熱いまま合わせ酢に。
このまま食べてもおいしい。

小松菜とさつまいものごまあえ

材料（1人分）

小松菜──2株

さつまいも──3cm

白いりごま──大さじ1

砂糖・塩──各少々

作り方

1　さつまいもは1cm角に切ってゆでる。小松菜は塩ゆでし、水けを絞る。

2　白ごまをすり、砂糖、塩を入れ、**1**をあえる。

コラム**2**

野菜は無駄なく使いきります

ちょびっと残ったにんじんや、
半分にカットしたピーマンなど、
残り野菜は密閉容器にまとめて、
冷蔵庫にしまっておきます。
ビニール袋だと、庫内で迷子になりやすいので、
きちんと容器で管理するのがたまちゃん流。
ふたを下にして並べると、中身が透けて見えるので、
在庫管理がしやすくなります。
刻んで卵焼きに混ぜたりソテーしてすき間に詰めたり。
小さなお弁当だからこそ、
ほんのちょっとの野菜が果たす役割は大きいんです。

3

忙しい日のおにぎり

出張に出かけたり、朝早い日には、「おにぎりにしてください」と頼まれます。
移動しながら車や電車で食べるみたい。
そんなおにぎりは、部屋でゆっくり食べるのとはひと味違うらしい……。
だから、混ぜごはんにしたり、炊き込みごはんを作ったり。
たった2個で満足してもらえるように、あれこれ工夫してみました。

とろろ昆布
高菜の葉
のり
塩

基本のおにぎり

塩にぎりや、梅干し入りなど、
おにぎり本来のおいしさは、やっぱりシンプルな味。
高菜の葉やとろろ昆布など、
ころもを変えると見た目も味も変化がつきます。

お弁当に入れる場合は塩をしっかりめにしたほうがおいしい気がします。

ギュッと押しつけずに、ふんわりにぎります。なぜかいつも丸い形。

おむすびには焼きのりを。手で押さえて自然になじむのを待ちます。

お皿の上で冷ましてからひとつずつラップでぴっちり包みます。

おにぎりの日には、いつもこんな袋に2つ入れて手渡します。ときどきたくあんをのせた、おまけつきもあります。

干ものときゅうり　紅しょうがとごま　菜っ葉と炒り卵　ひじきの煮もの

混ぜごはんのおにぎり

余ったおかずや漬けもの、野菜の塩もみなど、
混ぜてみると、意外になんでもいけちゃうのがおにぎりの懐の深いところ。
おいしい組み合わせを工夫するのが楽しい！

干ものときゅうり

材料（2個分）

ごはん——$2\frac{1}{2}$膳分
かますの干もの——$\frac{1}{4}$尾
きゅうり——$\frac{1}{3}$本

作り方

かますの干ものを焼いて骨をとって身をほぐし、塩適量（分量外）でもんだきゅうりの薄切りを混ぜてにぎる。

紅しょうがとごま

材料（2個分）

ごはん——$2\frac{1}{2}$膳分
紅しょうが・白いりごま
——各大さじ2

作り方

紅しょうがをみじん切りにし、白ごまと混ぜてにぎる。
ぬか漬けや漬けものなどを細かく刻んでも。

菜っ葉と炒り卵

材料（2個分）

小松菜の菜っ葉飯
——$2\frac{1}{2}$膳分

作り方

P81の菜っ葉飯参照。
炒り卵と混ぜてにぎる。
かぶや大根の葉でもおいしい。

ひじきの煮もの

材料（2個分）

ごはん——$2\frac{1}{2}$膳分
ひじきの煮もの
——大さじ2〜3

作り方

P55のひじきの煮もの参照。
きんぴら、おからの煮ものなどのお総菜を混ぜても。

point
具は温かいごはんに混ぜて。冷たいごはんだと具が均一に行きわたらない。

きのこの
炊き込みごはん
ぎんなんごはん
黒豆ごはん
梅ごはん

炊き込みごはんのおにぎり

おかずなしでも満足度100%なのが、
炊き込みごはんのおにぎり。
旬の素材をとり入れればよりご馳走感がアップするはず。

きのこの炊き込みごはん

材料（3人分）

米──2合
しめじ──$\frac{1}{3}$パック
しいたけ──2個
えのき──$\frac{1}{5}$パック
鶏ささみ──1本
A しょうゆ・みりん──各大さじ1
　塩──小さじ1

作り方

1　しいたけは軸をとり、しめじ、えのきは石づきをとって小さく切る。

2　ささみは筋をとり、小さく切る。

3　といだ米に**A**を合わせて通常の水加減にし、**1**、**2**を入れて炊く。

ぎんなんごはん

材料（3人分）

米──2合
ぎんなん──20個
塩──小さじ$1\frac{1}{2}$
酒──小さじ1

作り方

1　ぎんなんは殻を割って、薄皮をむき、1個を3つに切る。

2　といだ米に塩、酒、**1**を加えて通常の水加減で炊く。

黒豆ごはん

材料（3人分）

米──2合
黒豆──大さじ3
塩──小さじ$\frac{2}{3}$
酒──小さじ2

作り方

1　黒豆はさっと洗って水けをきり、フライパンで皮がはじけるまでから炒りする。

2　といだ米に塩、酒、**1**を加え、通常の水加減で炊く。

梅ごはん

材料（3人分）

米──2合
梅干し──2個
みりん──小さじ2
しその葉──10枚

作り方

1　といだ米にみりんを加え、通常の水加減にし、上に梅干しをのせて炊く。

2　炊き上がったら梅干しをほぐすように混ぜ、しその葉を細かく切って、混ぜ込む。

コラム3

お弁当包みは手作りで

うちでは、お弁当箱を布で包んで
それを保温、保冷用のバッグに入れて持って出かけます。
食べるときは、お弁当包みを広げて
ランチョンマット代わりに。
だから、なるべくパッと明るい気持ちになれる
布がいいなあと思っていました。
でも、なかなか気に入るものがなかったので、
生地をカットして、端ミシンをかけて作ってみました。
直線縫いでダ〜ッと仕上げるだけだから簡単！
お気に入りのお弁当包みがあると、
手渡す時間が楽しみになりますよ。

4

たま弁作り10の工夫

料理の基本通りじゃないかもしれないけれど、
毎日お弁当を作り続けるからこそ発見した小さな工夫をご紹介します。
へ〜、こんなのもアリなんだ！
と一度試していただけたら、へ〜、こんなに便利だったんだ！
と実感してもらえると思います。

1 おひたしのだしは おかか＋熱湯で

ほうれん草や小松菜のおひたしに使うだしってほんの少しです。
そのためだけに、わざわざだしをとるのは面倒！
そんなときは、削り節にお湯を注いで茶こしで漉すだけでOK。
ちゃんとかつおの風味が立つ
とびきりおいしいおひたしができますよ。

2 なるべくひとつの 道具ですませる

洗いものを少なくして、手早く片づけるのも、
お弁当上手になるための大事なプロセスです。
しょうが焼きのたれを作るならしょうがをすったおろし金に
砂糖としょうゆを加えてしまいましょう。
わざわざ小皿やボウルを使わなくたって
ちゃんと用が足ります。たくさん道具を使わないことは、
段取り上手の証拠なんです。

3 卵焼きはヘラで作る

お弁当用の卵焼きは、卵1個で作ります。
とっても少ない量なので、卵焼き器に、一度ジャッと流して、
ヘラでササッと巻いておしまい。
卵を少しずつ垂らして巻いて、また垂らして……というのが
基本の作り方ですが、そんなの面倒くさいでしょ！
この方法なら、ほんの30秒ほどででき上がります。

4 おかずは お弁当箱の深さに 合わせてカット

卵焼きは、立てて入れるほうがきれいに見えます。
使うお弁当箱によって深さが違うので、
指で測って、卵焼きのサイズを決めます。
お弁当箱にすき間なくおかずを詰めるのって意外と難しいもの。
ちょっとした違いで、詰め方の美しさに差が出ます。
だからまずは卵焼きをお弁当箱ぴったりにカット！
最初がうまくいけば、最後のおかずまでピタッときれいに
収まるはずです。

5 葉もの野菜は切ってからゆでる

普通は、葉もの野菜は株ごとゆで
水けを絞ってからひと口大にカットします。
でも、お弁当に使うのはほんのひと株。
だったら切ってからゆでたほうが楽ちん！
ざくざくとカットして、ざるに入れこれを鍋に放り込み、
ゆでたら水にとって、水分を絞るだけ。
扱いやすいから、ぐんと時間短縮になりますよ。

6 超弱火でジワジワ焼く

ソーセージを炒めたり豚肉の薄切りをカリカリに炒めたり。
フライパンで焼くときには、ごく弱火です。
火が強いと、ずっと側についてないと焦げてしまいます。
でも、弱火なら放りっぱなしで他の作業をしても大丈夫。
切ったり、あえたり。
その間に、ジワジワ勝手に焼き上がるから、
ふたつの作業が同時進行でできるってわけ。
弱火は、忙しい朝に欠かせない工夫なんです。

7 ごはんの間にのりを敷く

うちでは、どんなおかずのお弁当でも、お弁当箱に白いごはんを半分よそったら焼きのりを敷いて、その上にまたごはんをのせサンドイッチにします。「毎日、のり弁でもいいよ～」というほどのりが大好きな主人へのサービス！
でも私も、お箸を入れたらごはんの下からのりが出てきたらちょっと嬉しいかも。なんだか得した気分にしてくれる。
それが、ごはんの間ののりなんです！

8 おかずのすき間に千切りキャベツ

ごまあえより、サラダより、うちの主人が大好きなのが千切りキャベツ。
だから、お弁当でもよく登場します。でもこれ、意外に便利なんです。
鶏肉だんごなど、おかずを詰めるときのクッション代わりにもなるし、ちょっとすき間があいちゃった、という日にも、千切りキャベツなら、たちまち穴埋めOK！
だからわが家の冷蔵庫には、いっつもキャベツが入っています。

9 おかずは小皿にとってから詰める

煮ものやあえものができ上がったら鍋やボウルから直接
お弁当箱に詰めるのではなく、いったんお皿にとってから。
お皿の上に一度置くことで、余分な汁けが落ちて
お弁当がベトベトになりません。
ほんの小さな手間ですが、せっかく作ったおかずを
きれいにキープするための大事なプロセスです。

10 お弁当小物は業務用を使う

おかずを詰めるためのカップ類は東京・合羽橋の
道具屋街に業務用のものを買いに行きます。
今愛用しているのは、透明なカップと舟形のおかず入れ。
シルバーのアルミ製のものより、目障りにならず、
お弁当全体がきれいに見えます。
ある程度の量をまとめ買いしなくてはいけませんが、
1年、2年かけて使う覚悟なら断然安く、
機能的でシンプルなものが手に入ります。

わーい。お弁当の時間です。

たまちゃんが作ったお弁当を持って出かけたご主人の後を追いかけて
ランチタイムを覗き見してきました。

妻・たまちゃんがお弁当を作ってくれるようになったのは、領収書がきっかけでした。
僕は自営業で、妻は経理を担当してくれています。
ある日、中華弁当の領収書がありました。次の日も中華弁当。そのまた次の日も中華弁当。
『こんなに毎日中華弁当じゃ、体に悪いじゃん！ お弁当作ってあげようか？』と妻が言いだしました。
僕は、お弁当を作ってもらえるなんて、思ってもいなかったんです。
ぜひにってお願いしました。
こうして今では、毎日お弁当を持って出勤するように。
12時になると、外を眺める窓に面したデスクに座り、お弁当を広げます。
包みを解いて、ふたを開けたら、ちゃんと手を合わせて「いただきます」。
こんなことをしているなんて、妻は知りません。だって恥ずかしいじゃないですか。
でも、毎日作ってくれることをほんとはとっても感謝しています。
おいしいですよ。たまちゃんのお弁当。
もう他のお昼ごはんは食べられないですね。
僕は家では、家事は一切できない人なんですが、
お弁当箱だけは毎日ちゃんと洗ってから持って帰ります。
「どのおかずがいちばん好き？」と聞かれても困ります。
だって、どれもおいしいから。
妻の、たまちゃんのお弁当は、毎日が100点満点です。

材料別インデックス

鶏肉

鶏ささみ肉

ささみフライ …… 39
春菊とささみのポン酢あえ …… 63

鶏手羽先

手羽先の素揚げ …… 45

鶏手羽中

手羽中のピリ辛炒め煮 …… 43

鶏胸肉

鶏肉のみそ漬け …… 65
親子丼 …… 75
竜田揚げ …… 89

鶏もも肉

鶏肉のピタッと焼き …… 41

鶏ひき肉

鶏肉だんごの照り焼き …… 17
れんこんはさみ焼き …… 19
油揚げの肉野菜巻き …… 23
肉みそ …… 52
肉そぼろ …… 79
なんちゃってガッパオ …… 87

豚肉

豚薄切り肉

しょうが焼き …… 33
豚肉とキャベツのみそ炒め …… 35
豚肉甘辛炒め …… 36
豚肉みそ炒め …… 36
豚肉照り焼き炒め …… 37
豚肉バルサミコ炒め …… 37
豚肉ポン酢ごま炒め …… 37

豚バラ肉

カリカリ豚れんこん …… 27
豚肉まきまき …… 29

豚ヒレ肉

かつ丼 …… 73

豚ロース肉

豚肉の辛みそ漬け …… 65

豚ロース肉（しょうが焼き用）

酢豚 …… 31

豚ひき肉

れんこん入り肉だんご …… 15

牛肉

牛肉

牛肉としらたきの甘煮 …… 46

合いびき肉

合いびき肉

ハンバーグ …… 21
和風カレーそぼろ …… 71

魚介

鮭の切り身

鮭の照り焼き …… 59
鮭のごま焼き …… 63
鮭の粕漬け …… 65
鮭フレーク …… 85
いなり寿司 …… 91

かじきの切り身

かじきまぐろのピリ辛照り焼き …… 55
かじきの西京みそ漬け …… 65

かますの干もの

干ものときゅうりのおむすび …… 97

たらこ

たらことキャベツの卵焼き …… 85

生だらの切り身

たらのフライ …… 51

ぶりの切り身

ぶりの竜田揚げ …… 57

むきえび

むきえびの卵天ぷら …… 69

野菜・果物

甘夏

セロリと甘夏 …… 24

いんげん

いんげんのごまあえ …… 27

うど

うど、きゅうり、にんじんの甘酢漬け …… 75

おかひじき

おかひじきのおかかあえ …… 29

かぼちゃ

かぼちゃの煮もの …… 27
かぼちゃサラダ …… 35
野菜の揚げびたし …… 46
かぼちゃのソテー …… 49

菊花

菊花の甘酢漬け …… 24

キャベツ

きゅうりとキャベツの塩もみ …… 31
豚肉とキャベツのみそ炒め …… 35
キャベツのおかかポン酢 …… 43
たらことキャベツの卵焼き …… 85
キャベツのカレー炒め …… 89

きゅうり

マカロニサラダ …… 21
きゅうりとたくあん …… 25
きゅうりとキャベツの塩もみ …… 31
ポテトサラダ …… 39
ピクルス …… 69
きゅうりとコーンのマヨネーズ添え …… 71
うど、きゅうり、にんじんの甘酢漬け …… 75
サラダ …… 89

ぎんなん

ぎんなんごはんおにぎり …… 99

ゴーヤ

豚肉まきまき …… 29

ごぼう

ごぼうとにんじんのきんぴら酢炒め …… 33
ごぼうとドライトマトのサラダ …… 79

小松菜

小松菜とのりのナムル …… 59
小松菜の菜っ葉飯 …… 81
小松菜とさつまいものごまあえ …… 91

さつまいも

さつまいもといんげんのカッテージチーズあえ …… 82
さつまいものレモン煮 …… 23
小松菜とさつまいものごまあえ …… 91

里いも

里いも煮 …… 29
里いものごまあえ …… 41

砂糖さや

砂糖さやのおひたし …… 24

サラダ菜

サラダ …… 89

ししとう

焼きししとうおかかあえ …… 15

じゃがいも

ポテトサラダ …… 39

春菊

鶏肉のピタッと焼き（春菊ソース） …… 41
春菊とささみのポン酢あえ …… 63

ズッキーニ

ズッキーニのソテー …… 21

せり

せりのナムル …… 23
せりとひらたけのポン酢あえ …… 61

セロリ

セロリと甘夏 …… 24
セロリとラディッシュのナムル …… 33

そら豆

そら豆ごはん …… 51

大根

大根とにんじんのなます …… 24

炒め大根……47
ふろふき大根……59
たけのこ（水煮）
豚肉照り焼き炒め……37
チンゲンサイ
チンゲンサイのごまあえ……49
豆苗
豆苗のナムル……87
トマト
ピクルス……69
長いも
長いもの煮もの……31
なす
野菜の揚げびたし……46
なすの田楽……52
菜の花
菜の花のおひたし……51
菜の花のナムル……79
にんじん
にんじんサラダ……19
大根とにんじんのなます……24
ごぼうとにんじんのきんぴら酢炒め 33
にんじんの甘煮……39
塩もみにんじんのごまあえ……55
にんじんしりしり……61
にんじんのカッテージチーズあえ…69
うど、きゅうり、
にんじんの甘酢漬け……75
にんじんとこんにゃくの
ごまあえ……81
パプリカ
豚肉バルサミコ炒め……37
野菜の揚げびたし……46
ピクルス……69
ふき
ふきの土佐煮……45
プチトマト
焼きトマト……25
ささみのフライ（サルサソース）……39
トマトのマリネ……43
ブロッコリー
ブロッコリーときくらげの卵炒め…41
ほうれん草
ほうれん草のごまあえ……17
ほうれん草のおひたし……19
豆もやし
豆もやしの三杯酢あえ……57
水菜
水菜のおろしポン酢あえ……79
紫キャベツ
紫キャベツのマリネ……25
ラディッシュ
セロリとラディッシュのナムル……33
れんこん
れんこん入り肉だんご……15
れんこんはさみ焼き……19
酢れんこん……25
カリカリ豚れんこん……27
れんこんの煮もの……91

きのこ

えのき
きのこのマリネ
カリカリベーコンのせ……47
エリンギ
豚肉ポン酢ごま炒め……37
しいたけ
きのこの炊き込みごはんおにぎり…99
しめじ
豚肉甘辛炒め……36
きのこのマリネ
カリカリベーコンのせ……47
きのこの炊き込みごはんおにぎり…99
ひらたけ
きのこのマリネ
カリカリベーコンのせ……47
せりとひらたけのポン酢あえ……61

卵・豆腐

卵
卵焼き……15
ブロッコリーときくらげの卵炒め…41
オムレツ……57
炒り卵……79
うずらの卵
うずらの卵のピクルス……82
厚揚げ
豚肉みそ炒め……36
厚揚げの甘辛煮……63
油揚げ
油揚げの肉野菜巻き……23
いなり寿司……91
がんもどき
がんもどきの煮もの……27

加工品・缶詰

梅干し
梅ごはんおにぎり……99
こんにゃく
こんにゃくのちりちり煮……47
しらたき
牛肉としらたきの甘煮……46
たくあん
きゅうりとたくあん……25
ちくわ
切り昆布とちくわの煮もの……35
ドライトマトのオイル漬け
ごぼうとドライトマトのサラダ……79
紅しょうが
紅しょうがとごまのおにぎり……97
コーンの缶詰
きゅうりとコーンの
マヨネーズ添え……71
ツナ缶
ひよこ豆とツナのサラダ……87
ひよこ豆の缶詰
ひよこ豆とツナのサラダ……87

乾物

きくらげ
ブロッコリーときくらげの卵炒め…41
切り昆布
切り昆布とちくわの煮もの……35
切り干し大根
切り干し大根の煮もの……17
黒豆
黒豆ごはんおにぎり……99
ひじき
ひじきの煮もの……55
ひじきのペースト……46
干ししいたけ
干ししいたけの含め煮……45
マカロニ
マカロニサラダ……21

ごはん・米

ごはん
漬けものチャーハン……69
菜っ葉飯と炒り卵のおにぎり……97
ひじきの煮もののおにぎり……97
干ものときゅうりのおにぎり……97
紅しょうがとごまのおにぎり……97
米
黒米入りごはん……39
そら豆ごはん……51
梅ごはんおにぎり……99
きのこの炊き込みごはんおにぎり…99
ぎんなんごはんおにぎり……99
黒豆ごはんおにぎり……99

たくまたまえ

1964年、東京の下町に生まれ、結婚を機に府中市に暮らす。旬の野菜や果実を使った保存食を〝たまちゃん印〟として、不定期販売するほか、毎朝作るお弁当を紹介するインスタグラム(https://www.instagram.com/tama.tamaben/)も人気。近年は、東京・吉祥寺「ギャラリー フェブ」や、香川・高松「まちのシューレ」などでイベント・ワークショップを開催。活動の場を広げている。

構成・文
一田憲子

撮影
寺澤太郎

デザイン
三木俊一・吉良伊都子・古川唯衣(文京図案室)

校閲
K.I.A

たまちゃんの夫弁当

著者　たくまたまえ

編集人　梅田良子

発行人　倉次辰男

発行所　株式会社 主婦と生活社
〒104-8357 東京都中央区京橋3-5-7
tel.03-3563-5191(編集部)
tel.03-3563-5121(販売部)
tel.03-3563-5125(生産部)

製版所　東京カラーフォト・プロセス株式会社
印刷所　太陽印刷工業株式会社
製本所　株式会社若林製本工場

ISBN978-4-391-14512-0